AF234876

Impressum
Verlag: BABADADA GmbH, Nedderfeld 112 , 22529 Hamburg
Geschäftsführer / Verlagsleitung: Harald Hof
Druck: Books on Demand GmbH, In de Tarpen 42, 22848 Norderstedt

Imprint
Publisher: BABADADA GmbH, Nedderfeld 112 , 22529 Hamburg, Germany
Managing Director / Publishing direction: Harald Hof
Print: Books on Demand GmbH, In de Tarpen 42, 22848 Norderstedt

school
school

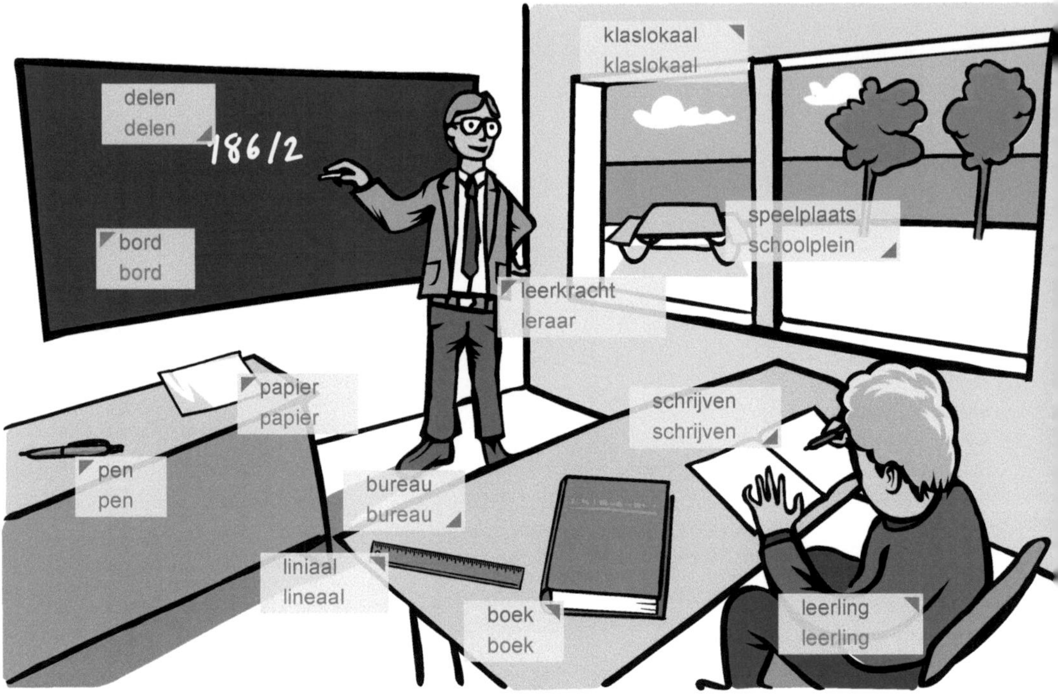

klaslokaal
klaslokaal
delen
delen
186/2
bord
bord
speelplaats
schoolplein
leerkracht
leraar
papier
papier
schrijven
schrijven
pen
pen
bureau
bureau
liniaal
lineaal
boek
boek
leerling
leerling

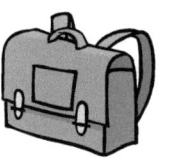

schooltas

schooltas

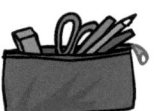

pennenzak

etui

potlood

potlood

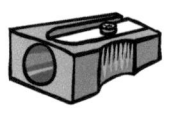

puntenslijper

puntenslijper

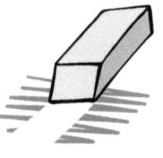

gom

gum

tekenblok

schetsblok

tekening
tekening

verfborstel
penseel

verfdoos
verfdoos

schaar
schaar

lijm
lijm

werkboek
schrift

huiswerk
huiswerk

nummer
getal

optellen
optellen

aftrekken
aftrekken

vermenigvuldigen
vermenigvuldigen

rekenen
rekenen

letter
letter

alfabet
alfabet

woord
woord

tekst

tekst

Lezen

lezen

krijt

krijt

les

les

klassenboek

klassenboek

examen

examen

certificaat

diploma

schooluniform

schooluniform

onderwijs

opleiding

encyclopedie

encyclopedie

universiteit

universiteit

microscoop

microscoop

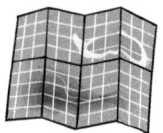

kaart

kaart

papiermand

prullenmand

reis

reis

hotel
hotel
jeugdherberg
hostel
ROOMS
wisselkantoor
wisselkantoor
koffer
koffer
auto
auto

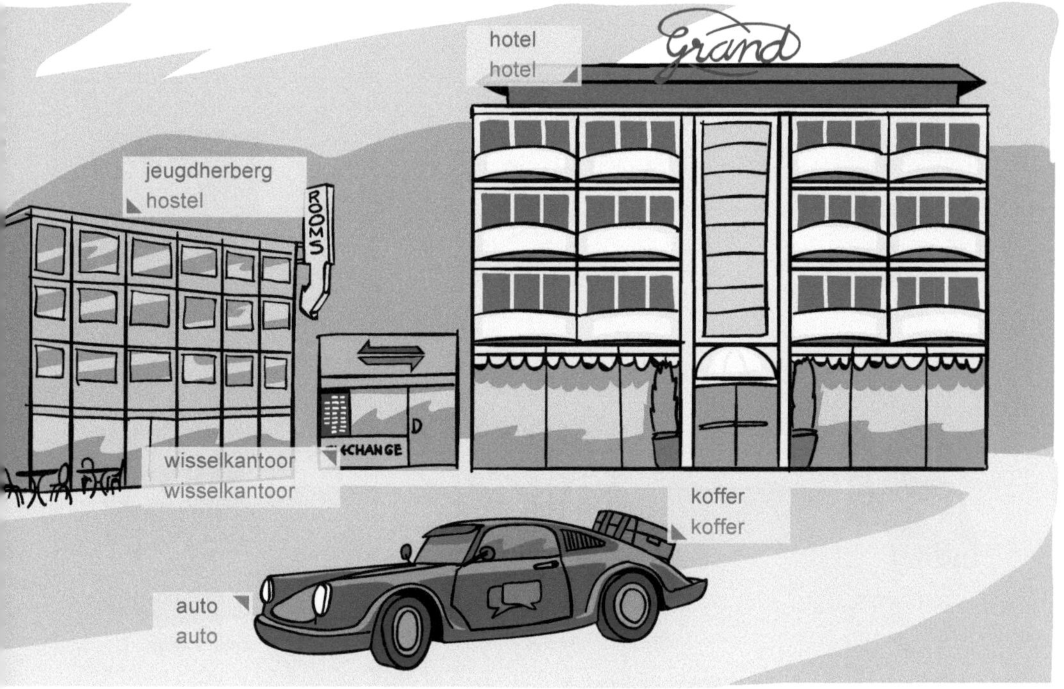

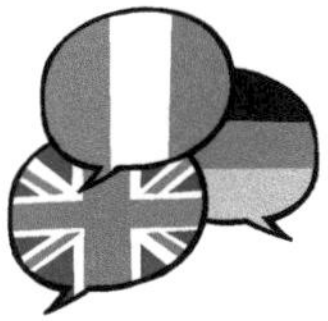

Taal

taal

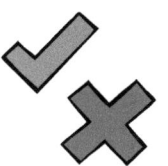

ja / nee

ja / nee

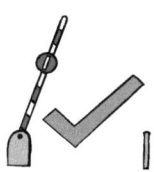

oké

oké

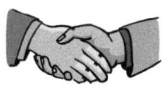

hallo

Hallo!

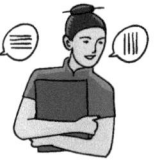

vertaler

tolk

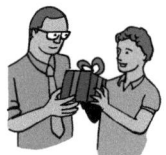

bedankt

Bedankt.

Hoeveel kost …?

Wat kost …?

Ik begrijp het niet

Ik begrijp het niet.

probleem

probleem

Goedenavond!

Goedenavond!

Goedemorgen!

Goedemorgen!

Goedenavond!

Goedenacht!

Tot ziens

Tot ziens!

richting

richting

bagage

bagage

zak

tas

rugzak

rugzak

gast

gast

kamer

kamer

slaapzak

slaapzak

tent

tent

toeristeninformatie

VVV-kantoor

strand

strand

kredietkaart

creditkaart

ontbijt

ontbijt

lunch

lunch

avondeten

diner

ticket

kaartje

lift

lift

postzegel

postzegel

grens

grens

douane

douane

ambassade

ambassade

visum

visum

paspoort

paspoort

transport

transport

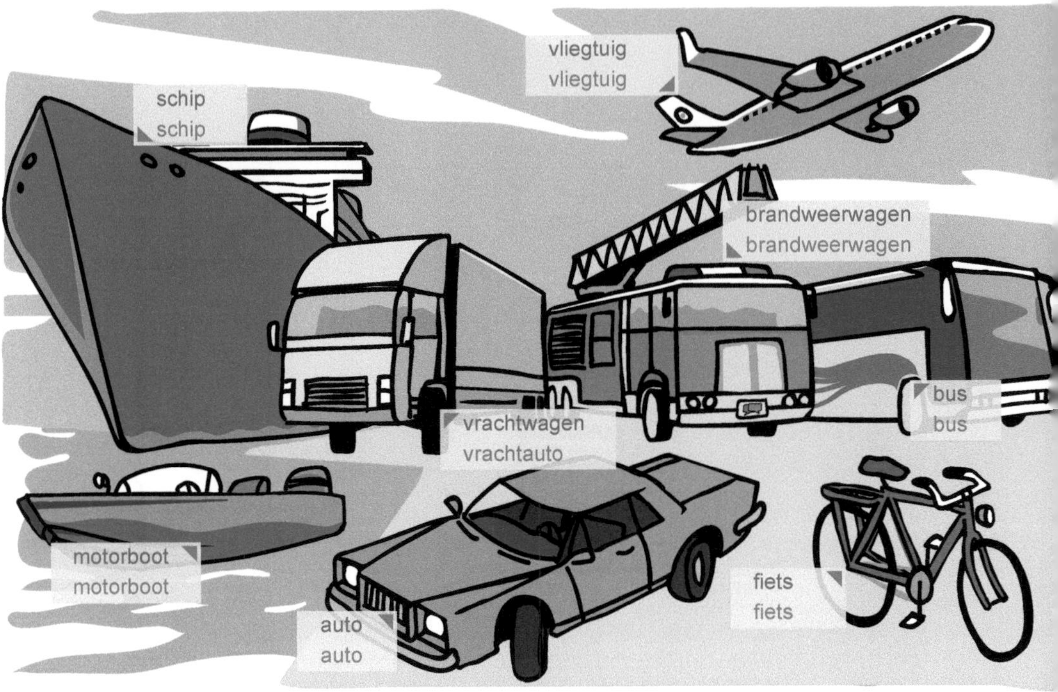
vliegtuig
vliegtuig
schip
schip
brandweerwagen
brandweerwagen
bus
bus
vrachtwagen
vrachtauto
motorboot
motorboot
fiets
fiets
auto
auto

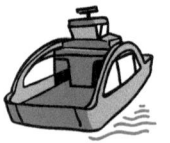

veerboot

veerboot

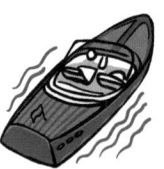

boot

boot

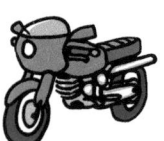

motor

motorfiets

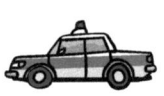

politiewagen

politiewagen

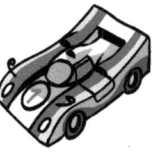

racewagen

raceauto

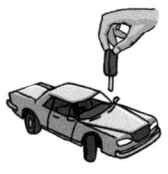

huurauto

huurauto

carpoolen

carsharing

sleepwagen

takelwagen

vuilniswagen

vuilniswagen

motor

motor

benzine

benzine

benzinestation

benzinepomp

verkeersbord

verkeersbord

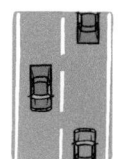

verkeer

verkeer

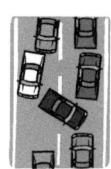

file

file

parkeerplaats

parkeerplaats

station

station

sporen

rails

trein

trein

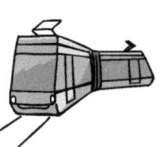

tram

tram

wagon

wagon

helikopter

helikopter

luchthaven

luchthaven

toren

toren

passagier

passagier

container

container

karton

verhuisdoos

kar

kar

mand

mand

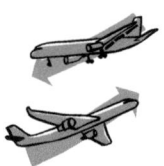

opstijgen / landen

opstijgen / landen

stad

stad

dorp

dorp

stadscentrum

stadscentrum

huis

huis

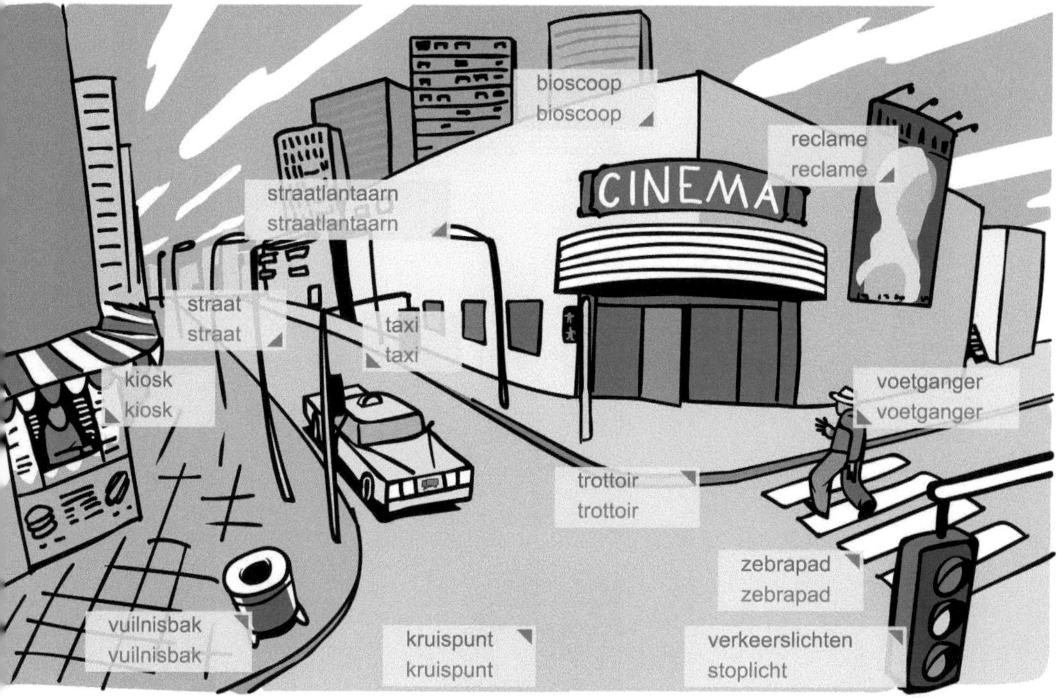

bioscoop
bioscoop

reclame
reclame

straatlantaarn
straatlantaarn

CINEMA

straat
straat

taxi
taxi

kiosk
kiosk

voetganger
voetganger

trottoir
trottoir

zebrapad
zebrapad

vuilnisbak
vuilnisbak

kruispunt
kruispunt

verkeerslichten
stoplicht

hut
hut

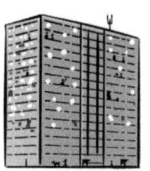

woning
appartement

station
station

stadshuis
stadhuis

museum
museum

school
school

universiteit

universiteit

bank

bank

ziekenhuis

ziekenhuis

hotel

hotel

apotheek

apotheek

kantoor

kantoor

boekwinkel

boekenwinkel

winkel

winkel

bloemenwinkel

bloemenwinkel

supermarkt

supermarkt

markt

markt

warenhuis

warenhuis

vishandelaar

visboer

winkelcentrum

winkelcentrum

haven

haven

park
park

bank
bank

brug
brug

trap
trap

metro
metro

tunnel
tunnel

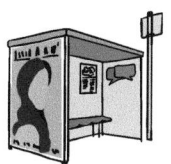

bushalte
bushalte

bar
bar

restaurant
restaurant

brievenbus
brievenbus

straatnaambord
straatnaambord

parkeermeter
parkeermeter

zoo
dierentuin

zwembad
zwembad

moskee
moskee

boerderij
boerderij

milieuverontreiniging
vervuiling

kerkhof
begraafplaats

kerk
kerk

speelplaats
speelplaats

tempel
tempel

landschap
landschap

blad
blad

wegwijzer
wegwijzer

weg
weg

weide
weide

steen
steen

boom
boom

wandelaar
wandelaar

rivier
rivier

gras
gras

bloem
bloem

vallei

vallei

heuvel

berg

meer

meer

bos

bos

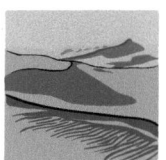

woestijn

woestijn

vulkaan

vulkaan

kasteel

kasteel

regenboog

regenboog

paddenstoel

paddenstoel

palmboom

palmboom

mug

mug

vlieg

vlieg

mier

mier

bijl

bij

spin

spin

kever

kever

kikker

kikker

eekhoorn

eekhoorn

egel

egel

haas

haas

uil

uil

vogel

vogel

zwaan

zwaan

wild zwijn

wild zwijn

hert

hert

eland

eland

dam

stuwdam

windturbine

windmolen

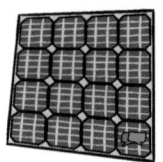

zonnepaneel

zonnepaneel

klimaat

klimaat

restaurant
restaurant

ober
ober
menu
menu
stoel
stoel
soep
soep
pizza
pizza
bestek
bestek
tafelkleed
tafelkleed

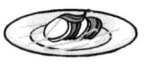

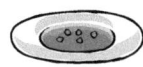

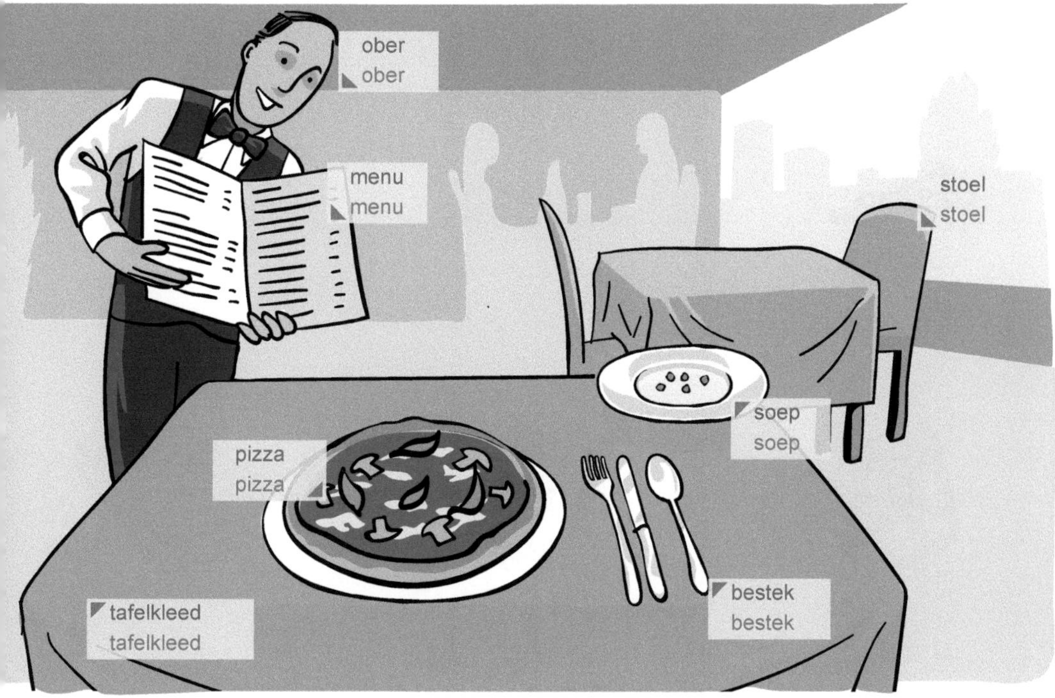

voorgerecht
....
voorgerecht

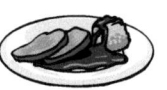

hoofdgerecht
....
hoofdgerecht

nagerecht
....
toetje

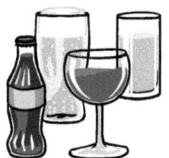

drankjes
....
dranken

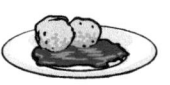

eten
....
eten

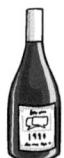

fles
....
fles

fastfood

fastfood

street food

eetkraampje

theepot

theepot

suikerpot

suikerpot

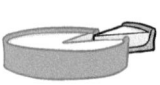

portie

portie

espressomachine

espressomachine

kinderstoel

kinderstoel

rekening

rekening

dienblad

dienblad

mes

mes

vork

vork

lepel

lepel

theelepel

theelepel

serviette

servet

glas

glas

bord

bord

soepbord

soepbord

schoteltje

schotel

saus

saus

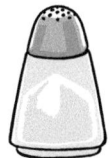

zoutvatje

zoutvaatje

pepermolen

pepermolen

azijn

azijn

olie

olie

kruiden

kruiden

ketchup

ketchup

mosterd

mosterd

mayonaise

mayonaise

supermarkt
supermarkt

aanbieding
aanbieding
FOR
klant
klant
zuivelproducten
zuivelproducten
fruit
fruit
winkelwagen
winkelwagen

BUTCHERS

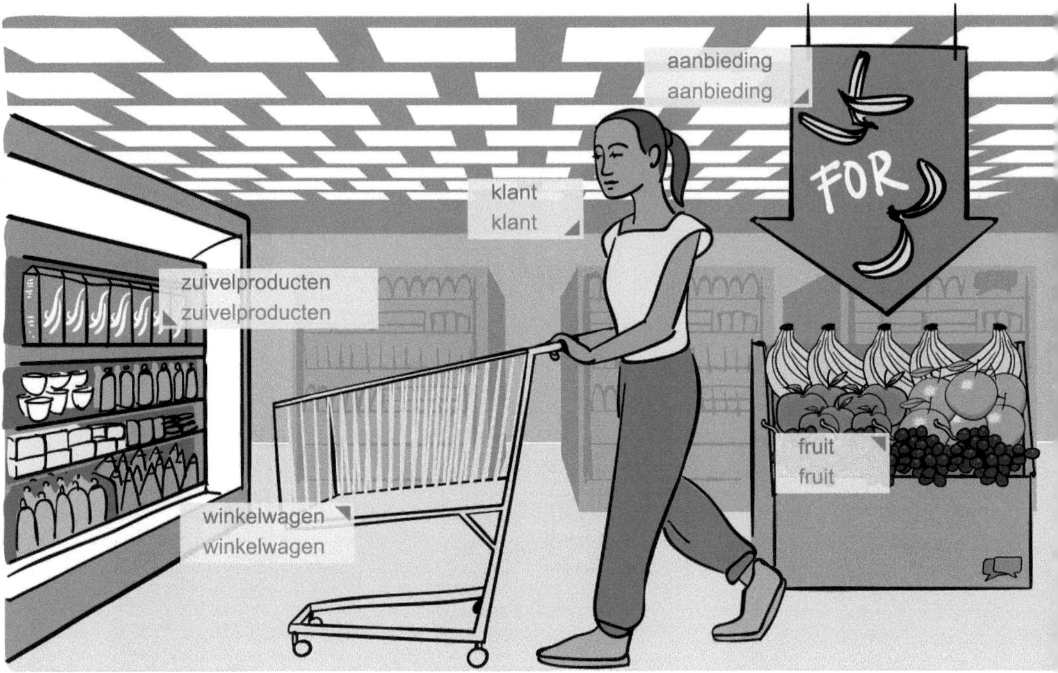

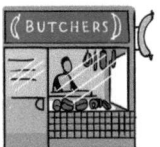

slagerij

slager

BAKERY

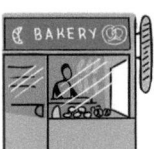

bakkerij

bakkerij

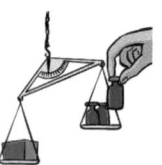

wegen

wegen

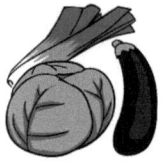

groenten

groente

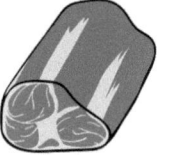

vlees

vlees

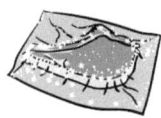

diepvriesvoedsel

diepvriesproducten

charcuterie

vleeswaren

conserven

conserven

waspoeder

wasmiddel

snoep

snoepgoed

huishoudproducten

huishoudelijke artikelen

schoonmaakproducten

schoonmaakmiddel

verkoopster

verkoopster

kassa

kassa

kassier

kassier

boodschappenlijstje

boodschappenlijstje

openingstijden

openingstijden

portefeuille

portefeuille

kredietkaart

creditkaart

tas

tas

plastieken zakje

plastic zak

drankjes
dranken

water
water

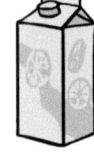

sap
sap

melk
melk

cola
cola

wijn
wijn

bier
bier

alcohol
alcohol

cacao
chocolademelk

thee
thee

koffie
koffie

espresso
espresso

cappuccino
cappuccino

banaan

banaan

appel

appel

sinaasappel

sinaasappel

meloen

watermeloen

citroen

citroen

wortel

wortel

knoflook

knoflook

bamboe

bamboe

ajuin

ui

champignon

paddenstoel

noten

noten

noodles

pasta

spaghetti

spaghetti

rijst

rijst

salade

salade

frieten

friet

gebakken aardappelen

gebakken aardappelen

pizza

pizza

hamburger

hamburger

sandwich

sandwich

kalfslapje

schnitzel

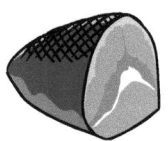

ham

ham

salami

salami

worst

worst

kip

kip

braden

gebraad

vis

vis

havervlokken

havermout

muesli

muesli

cornflakes

cornflakes

bloem

meel

croissant

croissant

pistolet

broodjes

brood

brood

toast

toast

koekjes

koekjes

boter

boter

kwark

kwark

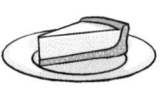

taart

taart

ei

ei

spiegelei

gebakken ei

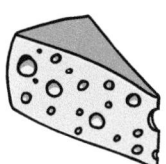

kaas

kaas

ijs
ijs

suiker
suiker

honing
honing

confituur
jam

choco
chocoladepasta

curry
kerrie

boerderij
boerderij

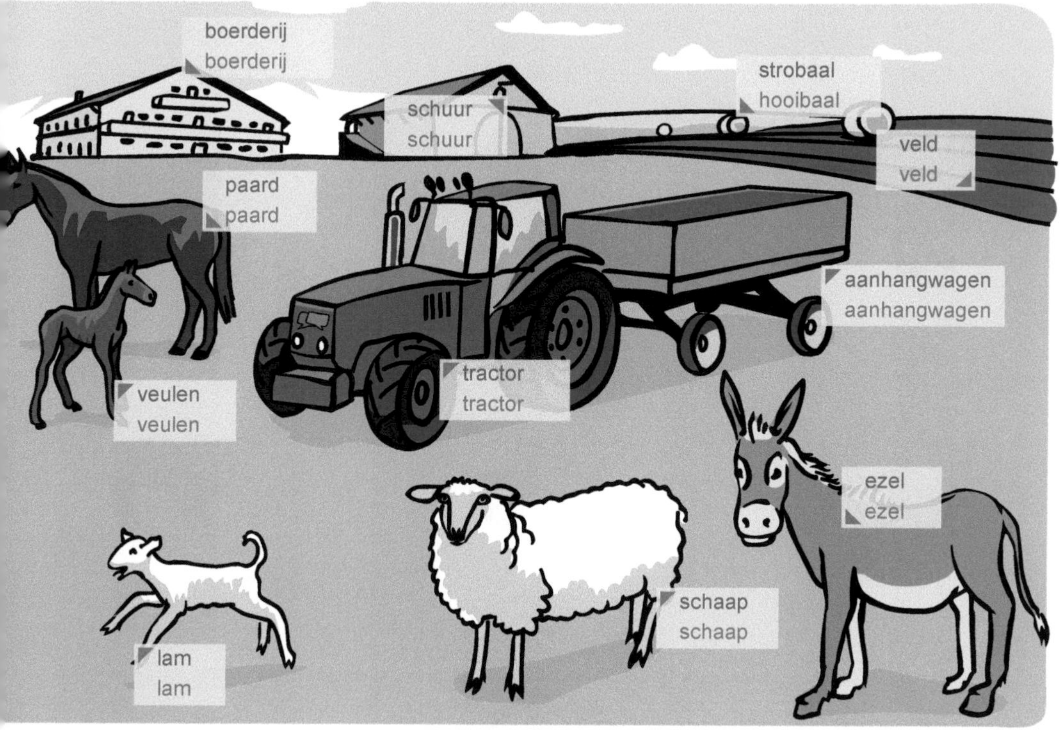
boerderij
boerderij
strobaal
hooibaal
schuur
schuur
veld
veld
paard
paard
aanhangwagen
aanhangwagen
tractor
tractor
veulen
veulen
ezel
ezel
schaap
schaap
lam
lam

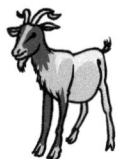

geit
geit

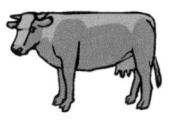

koe
koe

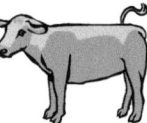

kalf
kalf

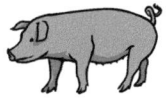

varken
varken

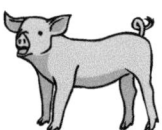

biggetje
big

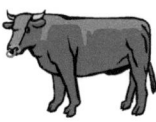

stier
stier

gans

gans

eend

eend

kuiken

kuiken

kip

kip

haan

haan

rat

rat

kat

kat

muis

muis

os

os

hond

hond

hondenhok

hondenhok

tuinslang

tuinslang

gieter

gieter

zeis

zeis

ploeg

ploeg

sikkel

sikkel

schoffel

schoffel

hooivork

hooivork

bijl

bijl

kruiwagen

kruiwagen

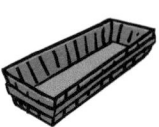

trog

trog

melkkan

melkbus

zak

zak

hek

hek

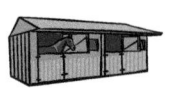

stal

stal

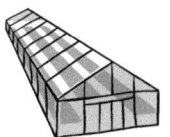

broeikas

broeikas

bodem

grond

zaad

zaad

mest

mest

maaidorser

maaidorser

oogsten
oogsten

oogst
oogst

yam
yam

tarwe
tarwe

soja
soja

aardappel
aardappel

maïs
maïs

koolzaad
koolzaad

fruitboom
fruitboom

maniok
maniok

graan
granen

huis
huis

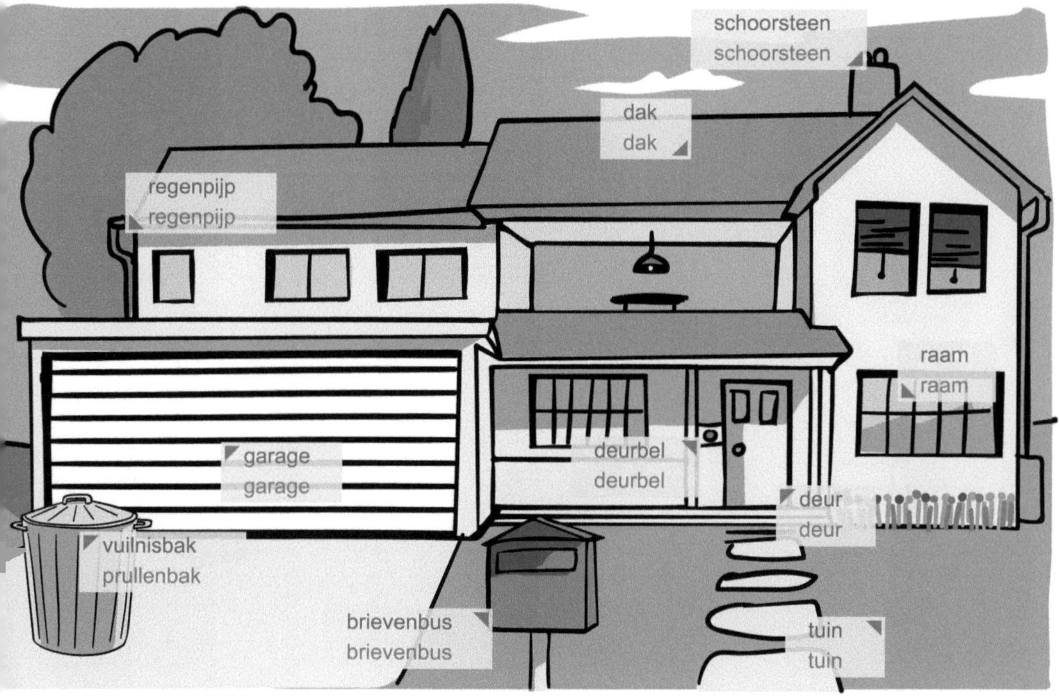
schoorsteen
schoorsteen
dak
dak
regenpijp
regenpijp
raam
raam
deurbel
deurbel
garage
garage
deur
deur
vuilnisbak
prullenbak
brievenbus
brievenbus
tuin
tuin

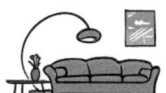

woonkamer
woonkamer

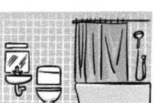

badkamer
badkamer

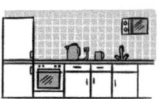

keuken
keuken

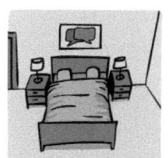

slaapkamer
slaapkamer

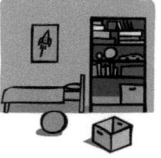

kinderkamer
kinderkamer

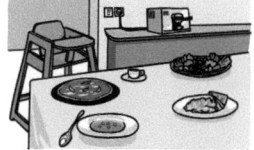

eetkamer
eetkamer

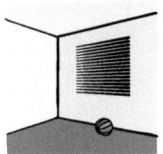

vloer
vloer

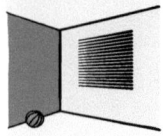

muur
muur

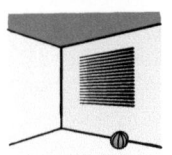

plafond
plafond

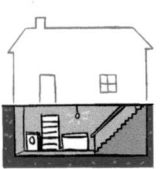

kelder
kelder

sauna
sauna

balkon
balkon

terras
terras

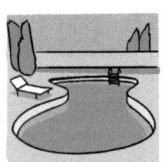

zwembad
zwembad

grasmaaier
grasmaaier

dekbedovertrek
laken

dekbed
bedsprei

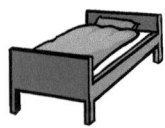

bed
bed

bezem
bezem

emmer
emmer

schakelaar
schakelaar

woonkamer
woonkamer

behangpapier
behang
foto
foto
lamp
lamp
schap
plank
kast
kast
televisie
televisie
open haard
open haard
bloem
bloem
kussen
kussen
sofa
bankstel
vaas
vaas
afstandsbediening
afstandsbediening

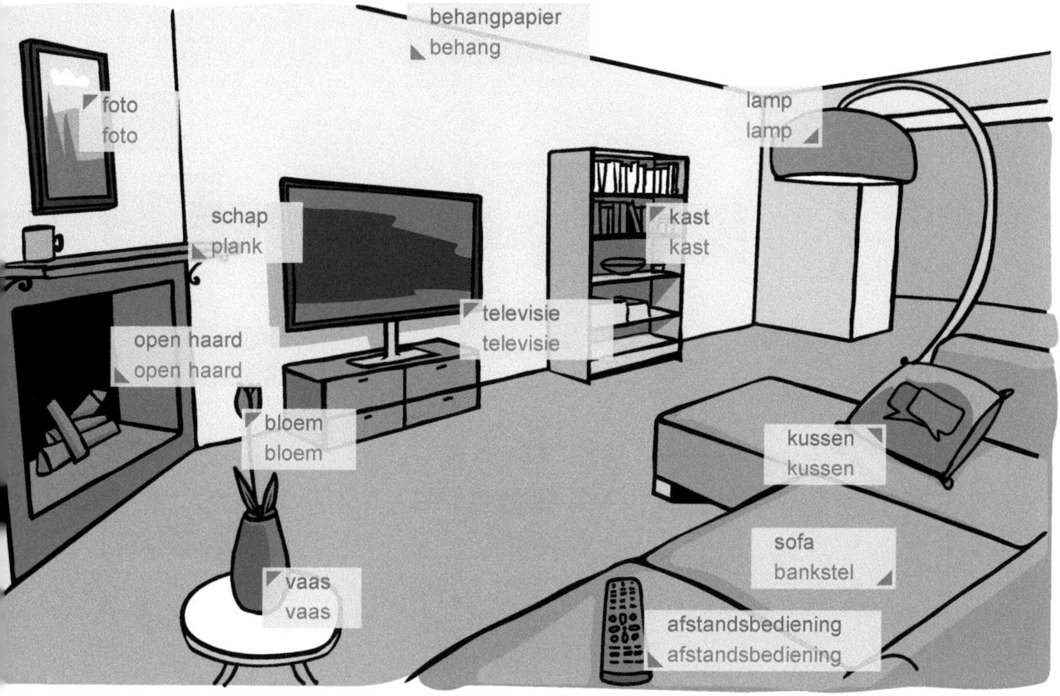

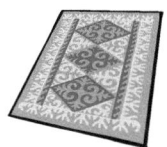

mat

tapijt

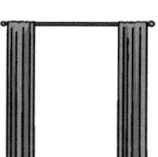

gordijn

gordijn

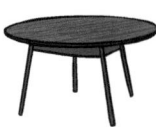

tafel

tafel

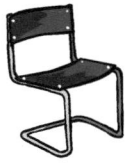

stoel

stoel

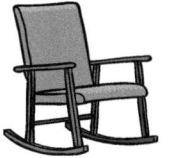

schommelstoel

schommelstoel

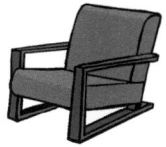

fauteuil

stoel

boek

boek

deken

deken

decoratie

decoratie

brandhout

brandhout

film

film

stereo-installatie

stereo-installatie

sleutel

sleutel

krant

krant

schilderij

schilderij

poster

poster

radio

radio

notitieboekje

kladblok

stofzuiger

stofzuiger

cactus

cactus

kaars

kaars

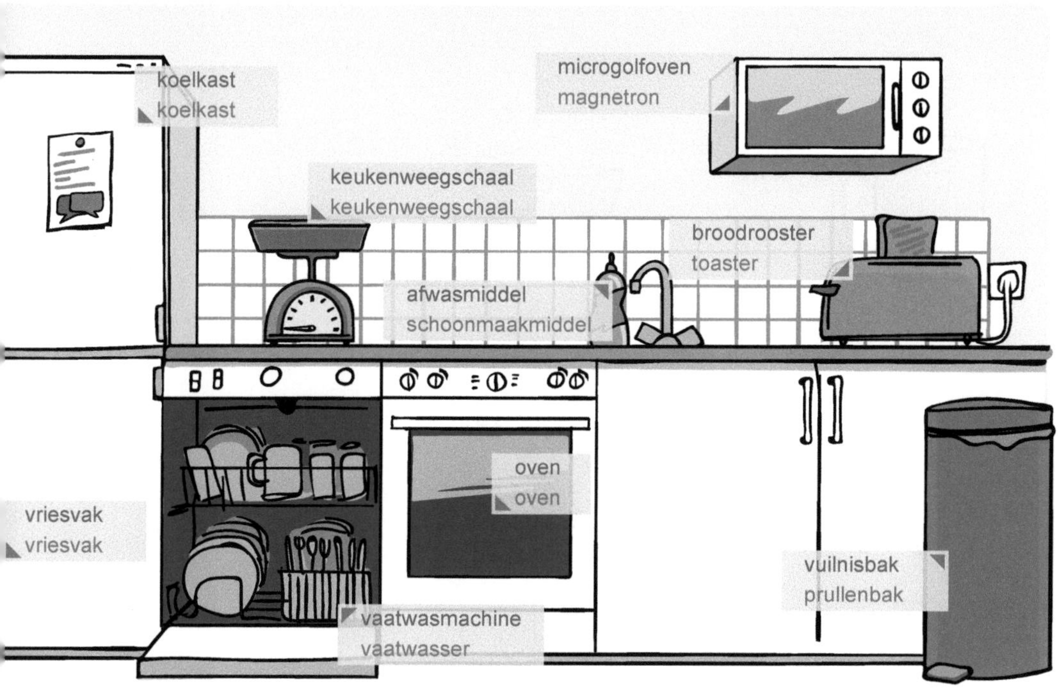

koelkast
koelkast

microgolfoven
magnetron

keukenweegschaal
keukenweegschaal

broodrooster
toaster

afwasmiddel
schoonmaakmiddel

oven
oven

vriesvak
vriesvak

vuilnisbak
prullenbak

vaatwasmachine
vaatwasser

fornuis
fornuis

pot
pan

gietijzeren pot
gietijzeren pan

wok / kadai
wok / kadai

pan
koekenpan

waterkoker
ketel

stoomkoker

stoomkoker

bakplaat

bakplaat

servies

servies

mok

beker

kom

kom

eetstokjes

eetstokjes

pollepel

soeplepel

spatel

spatel

garde

garde

vergiet

vergiet

zeef

zeef

rasp

rasp

mortier

vijzel

barbecue

barbecue

haardvuur

vuurhaard

snijplank

snijplank

deegrol

deegroller

kurkentrekker

kurkentrekker

blik

blik

blikopener

blikopener

pannenlap

pannenlap

gootsteen

wasbak

borstel

borstel

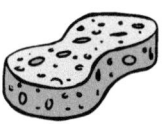

spons

spons

blender

blender

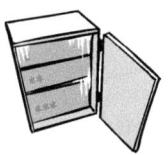

vriezer

vriezer

papfles

babyflesje

kraan

kraan

badkamer
badkamer

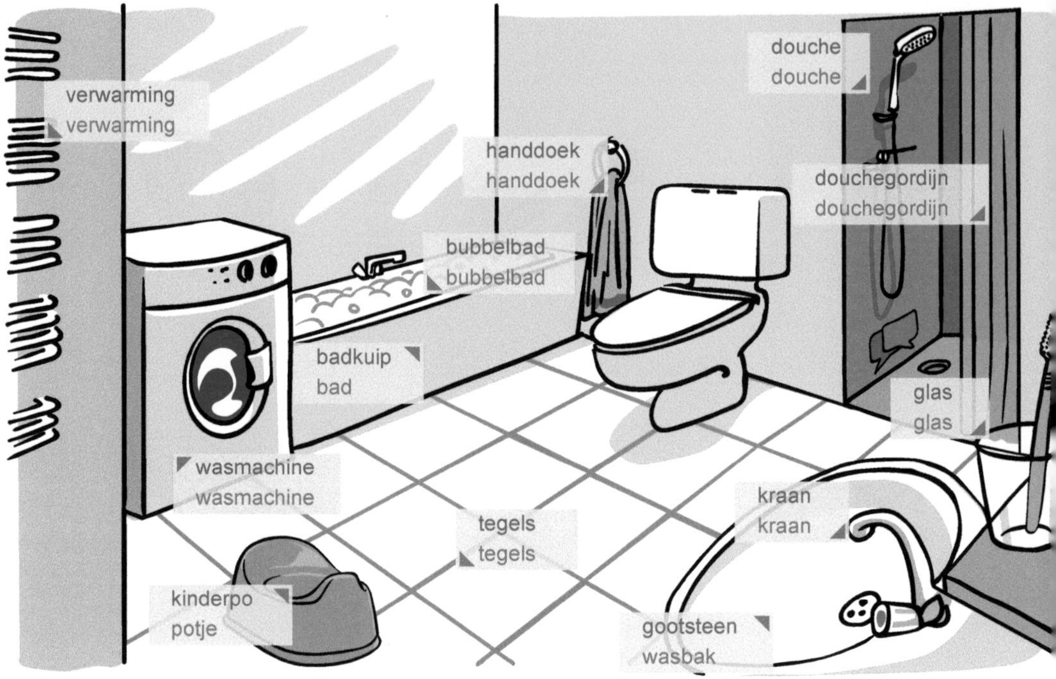
verwarming
verwarming
handdoek
handdoek
douche
douche
douchegordijn
douchegordijn
bubbelbad
bubbelbad
badkuip
bad
glas
glas
wasmachine
wasmachine
kraan
kraan
tegels
tegels
kinderpo
potje
gootsteen
wasbak

toilet

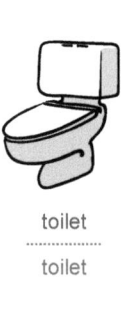

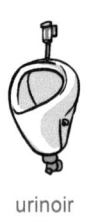

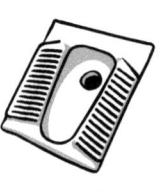

toilet

hurktoilet

hurktoilet

bidet

bidet

urinoir

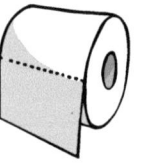

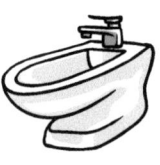

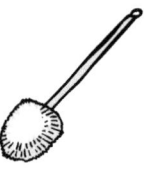

urinoir

toiletpapier

toiletpapier

toiletborstel

toiletborstel

tandenborstel

tandenborstel

tandpasta

tandpasta

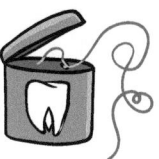

flosdraad

flosdraad

wassen

wassen

handdouche

handdouche

bidethanddouche

toiletdouche

waskom

waskom

rugborstel

rugborstel

zeep

zeep

douchegel

douchegel

shampoo

shampoo

washandje

washanje

afvoer

afvoer

crème

creme

deodorant

deodorant

spiegel

spiegel

handspiegel

make-upspiegel

scheermes

scheermes

scheerschuim

scheerschuim

aftershave

aftershave

kam

kam

borstel

borstel

haardroger

haardroger

haarlak

haarspray

make-up

make-up

lippenstift

lippenstift

nagellak

nagellak

watten

watten

nagelknipper

nagelschaartje

parfum

parfum

toilettas

toilettas

kruk

kruk

weegschaal

weegschaal

badjas

badjas

latex handschoenen

rubber handschoenen

tampon

tampon

maandverband

maandverband

chemisch toilet

chemisch toilet

kinderkamer
kinderkamer

wekker
wekker
knuffel
knuffeldier
speelgoedauto
speelgoedauto
rammelaar
rammelaar
poppenhuis
poppenhuis
geschenk
cadeau

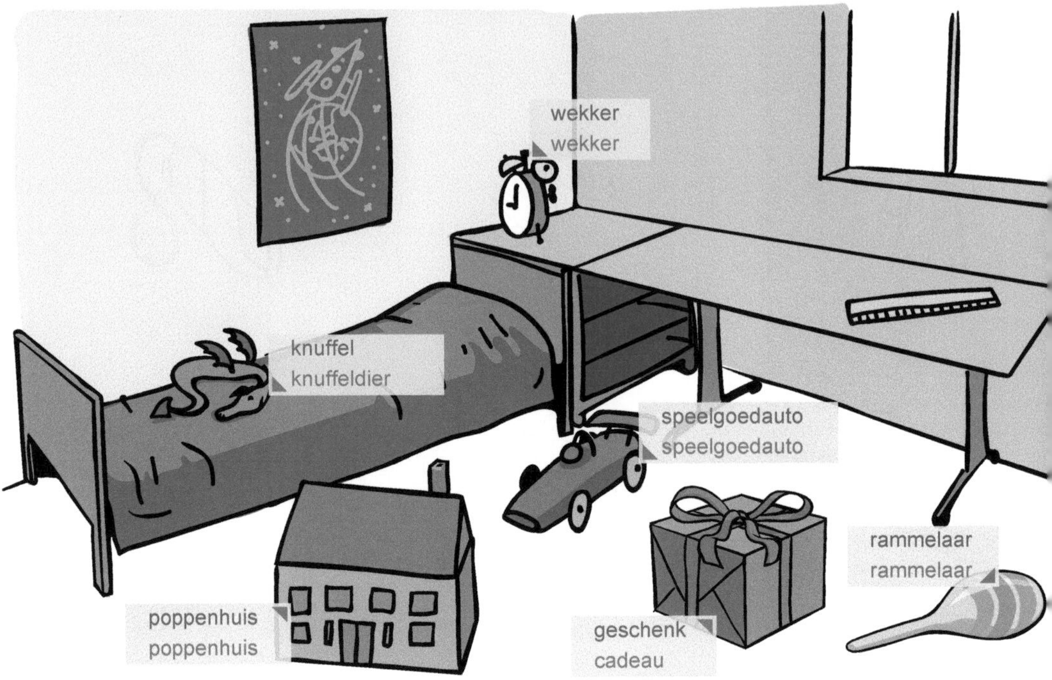

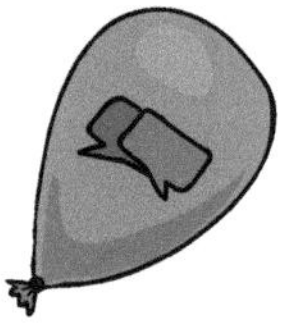

ballon

ballon

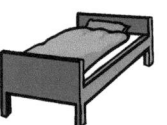

bed

bed

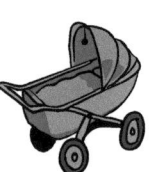

kinderwagen

kinderwagen

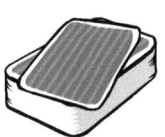

spel kaarten

kaartspel

puzzel

puzzel

SUPER MEGA

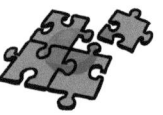

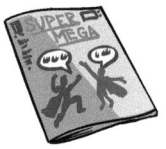

stripboek

stripverhaal

legoblokjes

legostenen

blokken

speelgoedblokken

actiefiguur

actiefiguurtje

kruippakje

romper

frisbee

frisbee

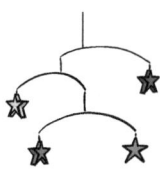

mobiel

mobile

bordspel

bordspel

dobbelsteen

dobbelsteen

modelspoorweg

modeltrein

fopspeen

speen

feest

feestje

prentenboek

prentenboek

bal

bal

pop

pop

spelen

spelen

zandbak
zandbak

schommel
schommel

speelgoed
speelgoed

spelconsole
spelcomputer

driewieler
driewieler

knuffelbeer
teddybeer

kleerkast
kleerkast

kleding

kleding

sokken
sokken

kousen
kousen

maillot
panty

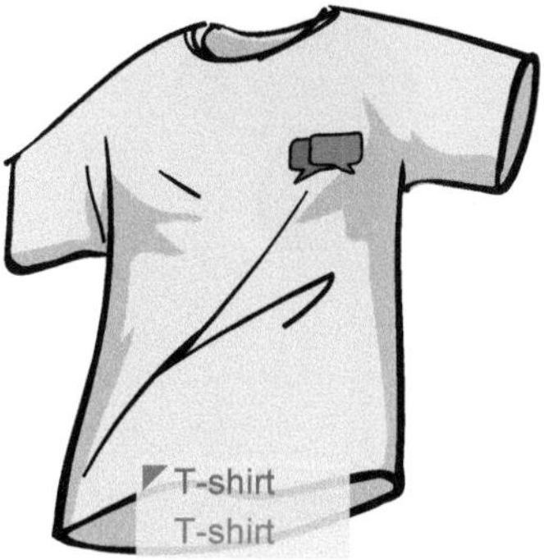

sjaal
sjaal

riem
riem

paraplu
paraplu

T-shirt
T-shirt

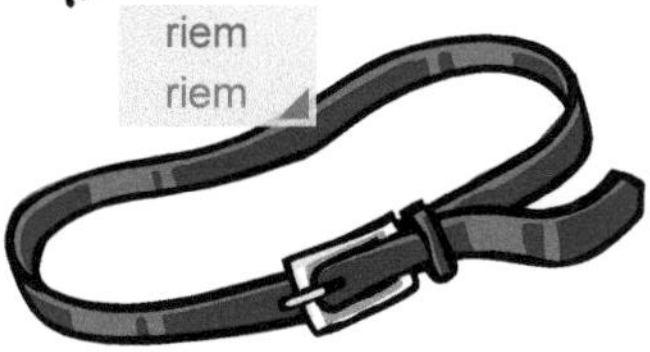

sneakers
sportschoenen

laarzen
laarzen

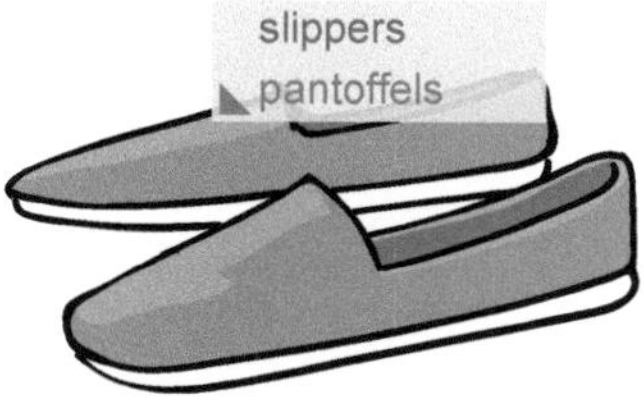

slippers
pantoffels

sandalen
....
sandalen

schoenen
....
schoenen

rubberlaarzen
....
rubberlaarzen

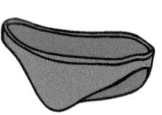

onderbroek
....
onderbroek

beha
....
beha

onderhemd
....
onderhemd

lichaam
body

broek
broek

jeans
spijkerbroek

rok
rok

blouse
blouse

hemd
overhemd

trui
trui

capuchontrui
hoody

blazer
blazer

jas
jas

jas
mantel

regenjas
regenjas

kostuum
kostuum

jurk
jurk

trouwjurk
trouwjurk

pak

pak

nachthemd

nachthemd

pyjama

pyjama

sari

sari

hoofddoek

hoofddoek

tulband

tulband

boerka

boerka

kaftan

kaftan

abaya

abaja

badpak

zwempak

zwembroek

zwembroek

short

korte broek

trainingspak

trainingspak

schort

schort

handschoenen

handschoenen

knoop

knoop

bril

bril

armband

armband

ketting

ketting

ring

ring

oorbel

oorbel

pet

pet

kapstok

kledinghanger

hoed

hoed

das

stropdas

rits

rits

helm

helm

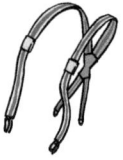

bretellen

bretels

schooluniform

schooluniform

uniform

uniform

slabbetje
slabbetje

fopspeen
speen

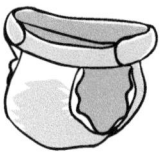

luier
luier

server
server

dossierkast
archiefkast

printer
printer

papier
papier

monitor
beeldscherm

bureau
bureau

muis
muis

map
map

toestenbord
toetsenbord

papiermand
prullenmand

computer
computer

stoel
stoel

koffiemok
koffiemok

rekenmachine
rekenmachine

internet
internet

kantoor - kantoor

49

laptop	brief	bericht
laptop	brief	bericht

gsm	netwerk	kopieerapparaat
mobiele telefoon	netwerk	kopieermachine

software	telefoon	stopcontact
software	telefoon	stopcontact
	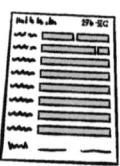	
fax	formulier	document
fax	formulier	document

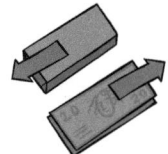

kopen
....
kopen

betalen
....
betalen

handelen
....
handel drijven

geld
....
geld

 USD

dollar
....
dollar

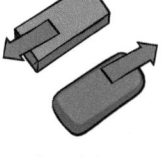 EUR

euro
....
euro

 JPY

yen
....
yen

RUB

roebel
....
roebel

CHF

Zwitserse frank
....
Zwitserse frank

 CNY

Chinese renminbi
....
renminbi yuan

INR

roepie
....
roepie

geldautomaat
....
geldautomaat

wisselkantoor

wisselkantoor

goud

goud

zilver

zilver

olie

olie

energie

energie

prijs

prijs

contract

contract

belasting

belasting

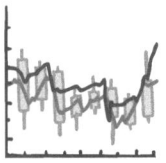

aandeel

aandeel

werken

werken

werknemer

werknemer

werkgever

werkgever

fabriek

fabriek

winkel

winkel

beroepen
beroepen

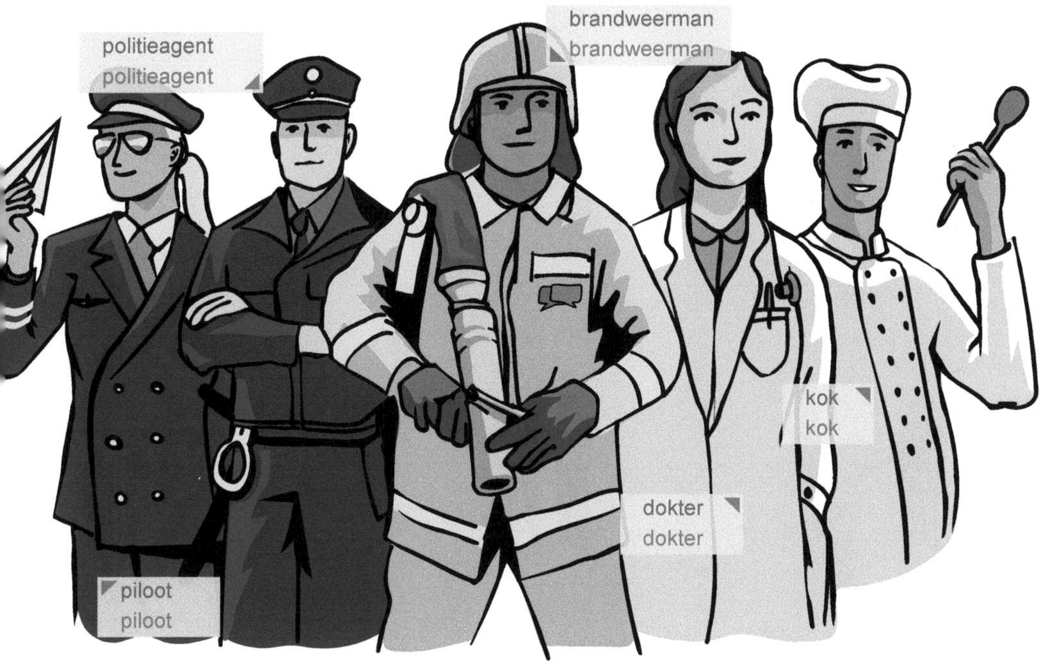
politieagent
politieagent
brandweerman
brandweerman
kok
kok
dokter
dokter
piloot
piloot

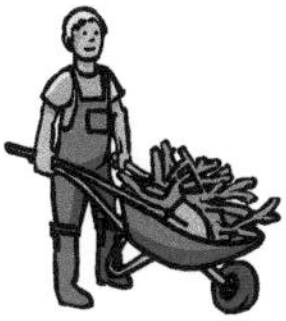

tuinman
tuinman

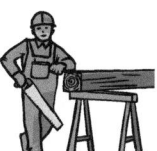

timmerman
timmerman

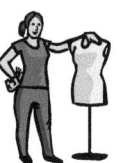

naaister
naaister

rechter
rechter

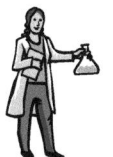

chemicus
scheikundige

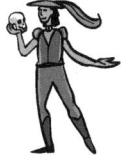

acteur
toneelspeler

buschauffeur

buschauffeur

taxichauffeur

taxichauffeur

visser

visser

schoonmaakster

schoonmaakster

dakdekker

dakdekker

ober

ober

jager

jager

schilder

schilder

bakker

bakker

elektricien

elektricien

bouwvakker

bouwvakker

ingenieur

ingenieur

slager

slager

loodgieter

loodgieter

postbode

postbode

soldaat

soldaat

architect

architect

kassier

kassier

bloemist

bloemist

kapper

kapper

conducteur

conducteur

mecanicien

monteur

kapitein

kapitein

tandarts

tandarts

wetenschapper

wetenschapper

rabbijn

rabbi

imam

imam

monnik

monnik

geestelijke

pastoor

werktuigen
gereedschap

hamer
hamer
tang
tang
schroevendraaier
schroevendraaier
schroefsleutel
moersleutel
zaklamp
zaklamp

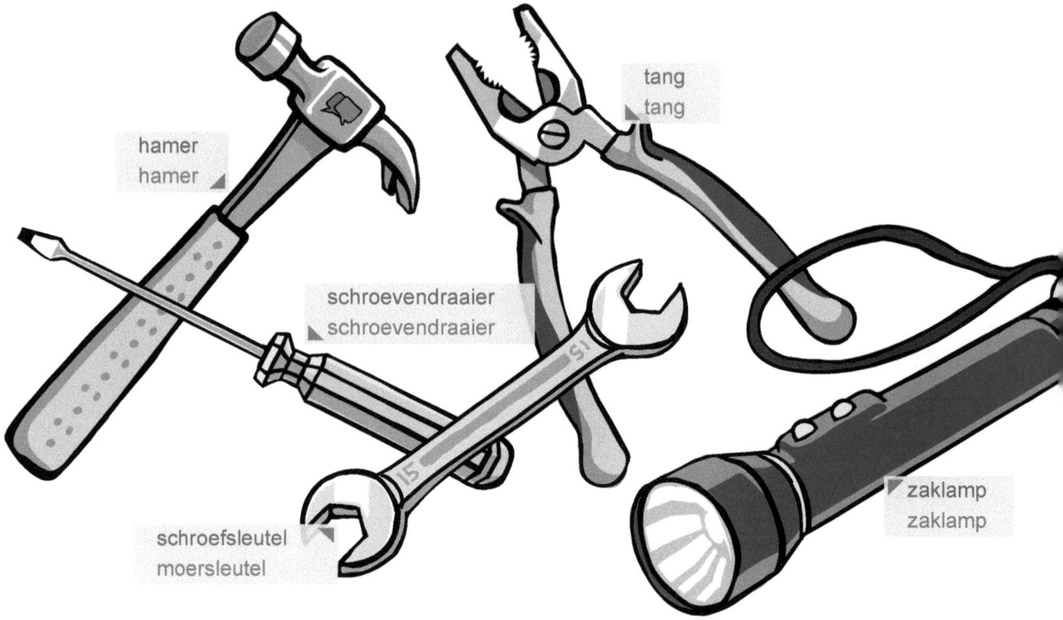

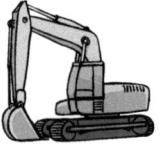

graafmachine

graafmachine

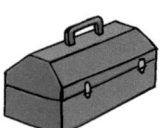

gereedschapskoffer

gereedschapskist

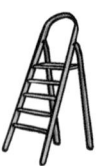

ladder

ladder

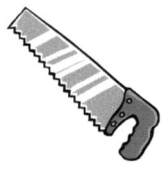

zaag

zaag

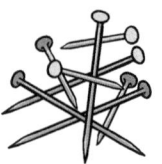

spijkers

spijkers

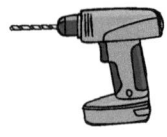

boormachine

boor

repareren
....
repareren

schop
....
schep

Verdomme!
....
Verdorie!

blik
....
stofblik

verfpot
....
verfpot

schroeven
....
schroeven

muziekinstrumenten

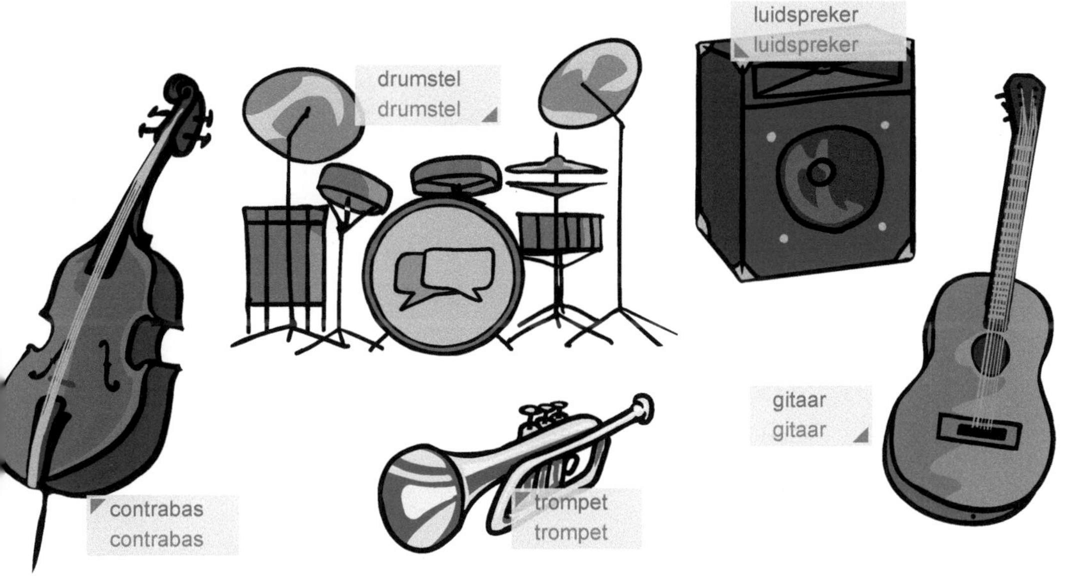

muziekinstrumenten

luidspreker
luidspreker

drumstel
drumstel

contrabas
contrabas

trompet
trompet

gitaar
gitaar

piano

piano

viool

viool

basgitaar

bas

pauk

pauk

trommels

trommel

keyboard

keyboard

saxofoon

saxofoon

fluit

fluit

microfoon

microfoon

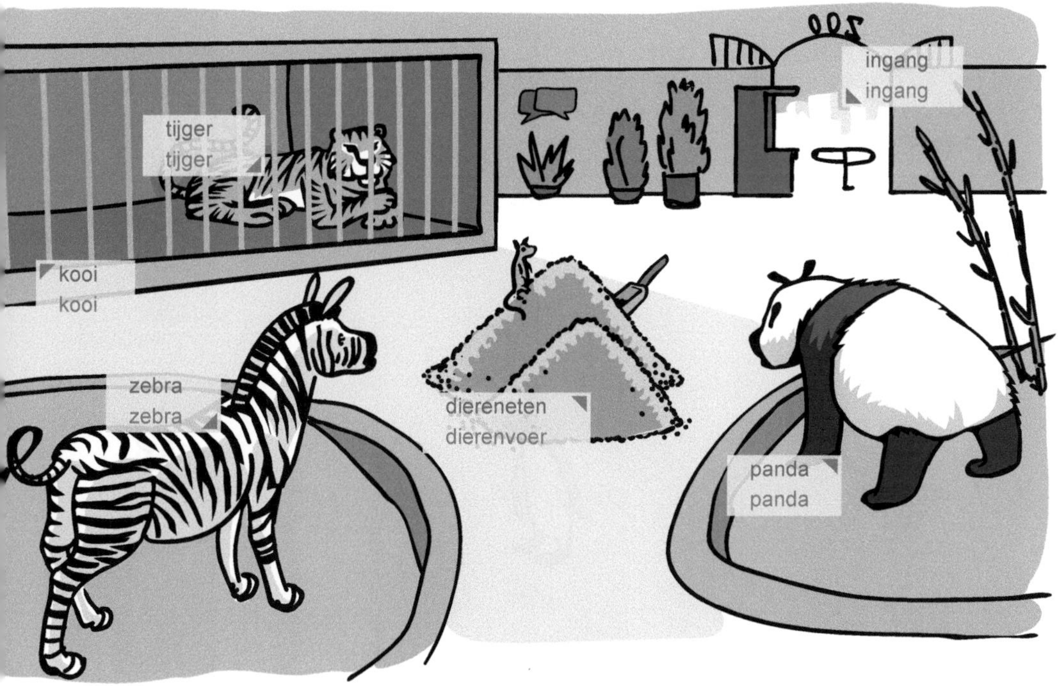

tijger
tijger

ingang
ingang

kooi
kooi

zebra
zebra

diereneten
dierenvoer

panda
panda

dieren
dieren

olifant
olifant

kangoeroe
kangoeroe

neushoorn
neushoorn

gorilla
gorilla

beer
beer

kameel

kameel

struisvogel

struisvogel

leeuw

leeuw

aap

aap

flamingo

flamingo

papegaai

papegaai

ijsbeer

ijsbeer

pinguïn

pinguïn

haai

haai

pauw

pauw

slang

slang

krokodil

krokodil

dierenverzorger

dierenverzorger

zeehond

zeehond

jaguar

jaguar

pony
pony

luipaard
luipaard

nijlpaard
nijlpaard

giraffe
giraffe

adelaar
adelaar

wild zwijn
wild zwijn

vis
vis

zeeschildpad
schildpad

walrus
walrus

vos
vos

gazelle
gazelle

rugby
American football

wielrennen
wielrennen

tennis
tennis

basketbal
basketbal

zwemmen
zwemmen

boksen
boksen

ijshockey
ijshockey

voetbal
voetbal

badminton
badminton

atletiek
atletiek

handbal
handbal

skiën
skiën

polo
polo

activiteiten

activiteiten

lachen
lachen
springen
springen
knuffelen
knuffelen
wandelen
lopen
zingen
zingen
dromen
dromen
bidden
bidden
kussen
kussen

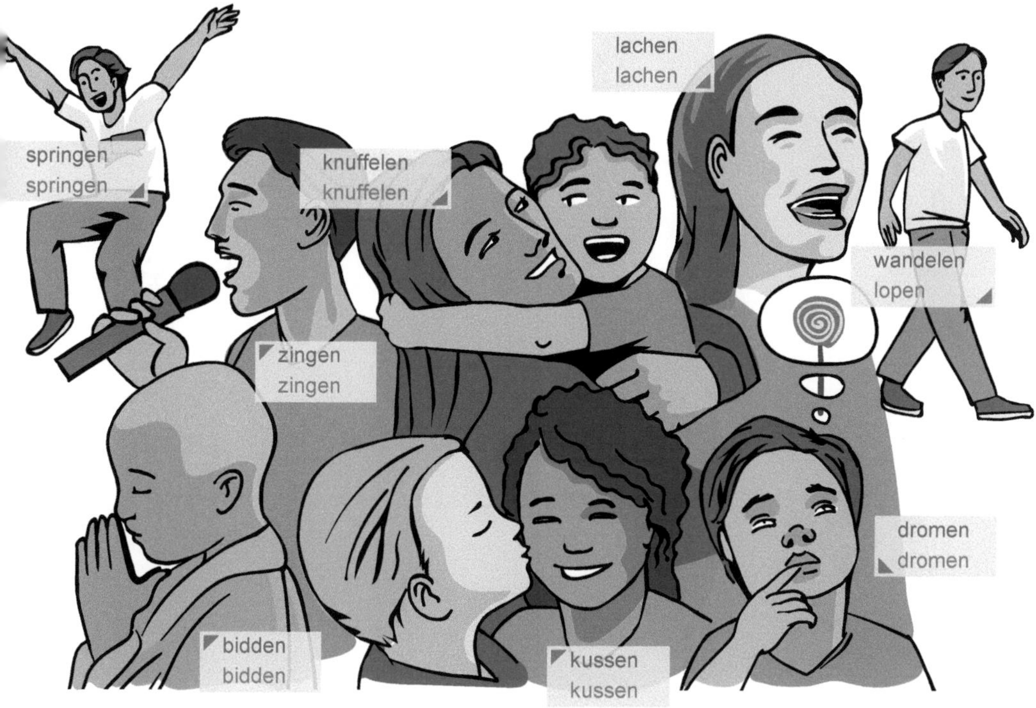

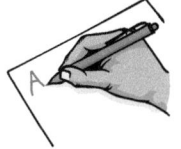

schrijven

schrijven

tekenen

tekenen

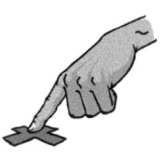

tonen

tonen

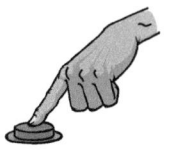

duwen

duwen

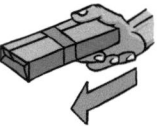

geven

geven

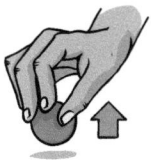

nemen

oppakken

hebben

hebben

doen

doen

zijn

zijn

staan

staan

lopen

rennen

trekken

trekken

gooien

gooien

vallen

vallen

liggen

liggen

wachten

wachten

dragen

dragen

zitten

zitten

aankleden

aankleden

slapen

slapen

ontwaken

wakker worden

kijken naar

bekijken

wenen

huilen

aaien

strelen

kammen

kammen

praten

praten

begrijpen

begrijpen

vragen

vragen

luisteren

horen

drinken

drinken

eten

eten

opruimen

opruimen

houden van

houden van

koken

koken

rijden

rijden

vliegen

vliegen

zeilen

zeilen

rekenen

rekenen

Lezen

lezen

leren

leren

werken

werken

trouwen

trouwen

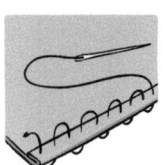

naaien

naaien

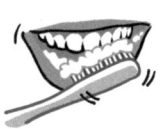

tandenpoetsen

tandenpoetsen

doden

doden

roken

roken

sturen

verzenden

familie
familie

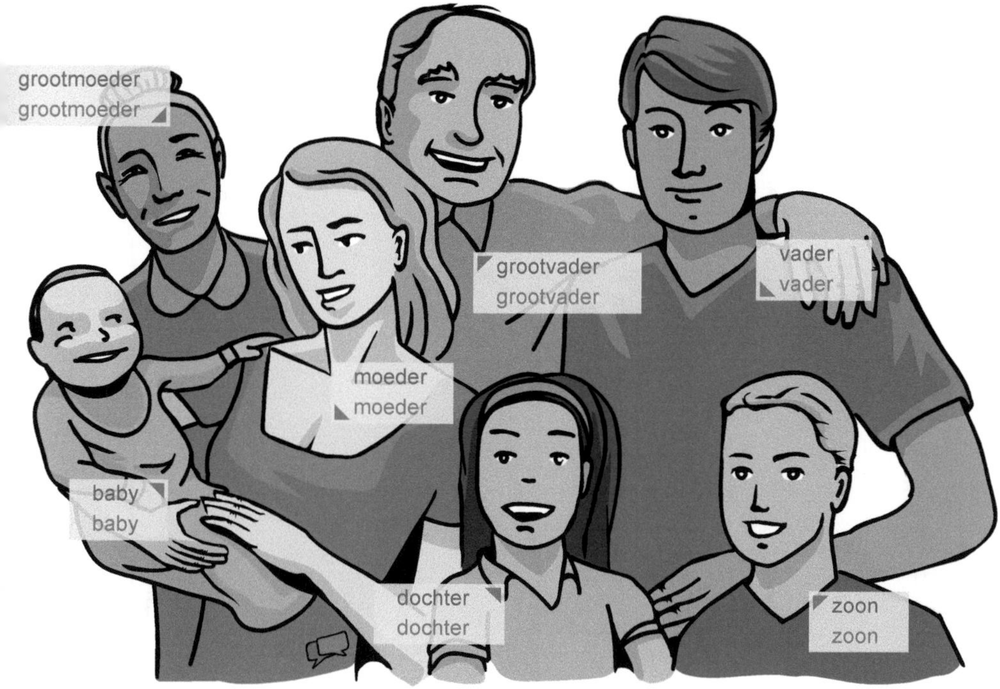
grootmoeder
grootmoeder
grootvader
grootvader
vader
vader
moeder
moeder
baby
baby
dochter
dochter
zoon
zoon

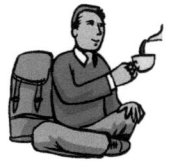

gast
gast

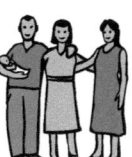

tante
tante

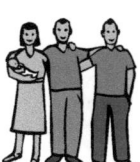

oom
oom

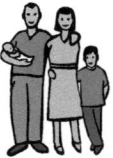

broer
broer

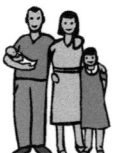

zus
zus

lichaam
lichaam

voorhoofd
voorhoofd
oog
oog
schouder
schouder
vinger
vinger
gezicht
gezicht
kin
kin
hand
hand
been
been
borst
borst
arm
arm

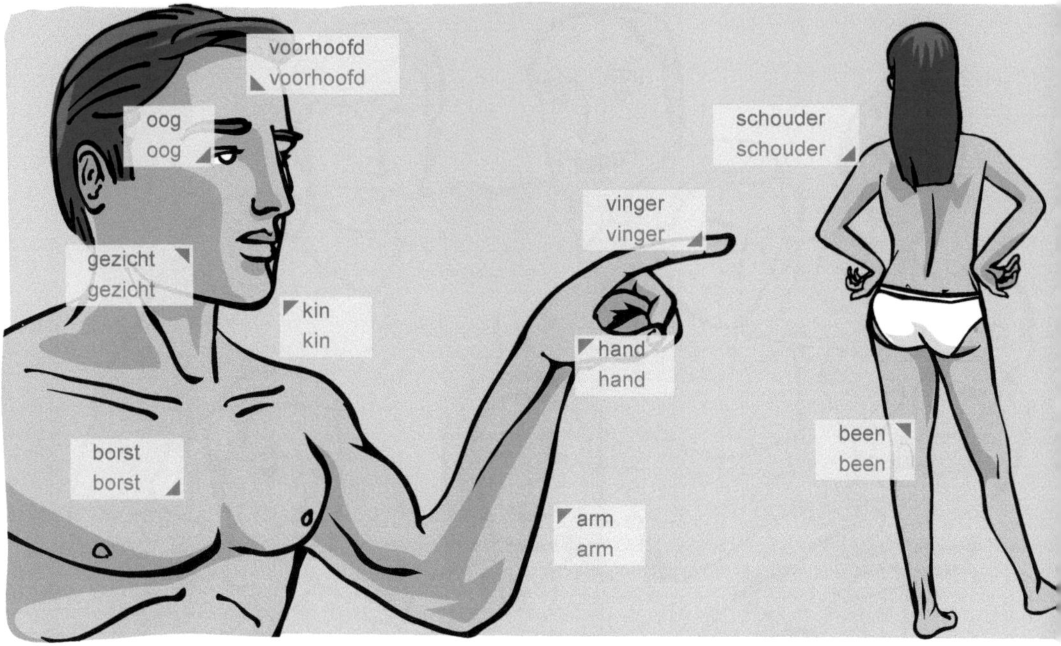

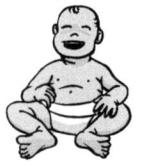

baby
baby

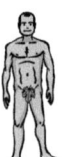

man
man

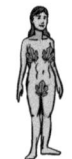

vrouw
vrouw

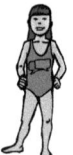

meisje
meisje

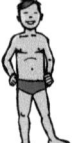

jongen
jongen

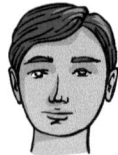

hoofd
hoofd

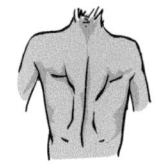

rug
rug

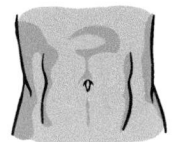

buik
buik

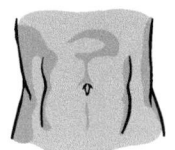

navel
navel

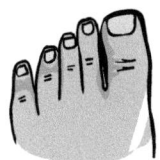

teen
teen

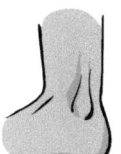

hiel
hiel

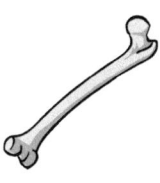

bot
bot

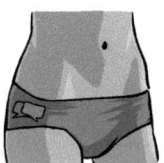

heup
heup

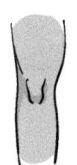

knie
knie

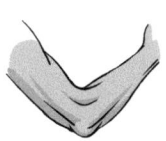

elleboog
elleboog

neus
neus

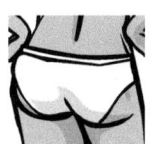

zitvlak
achterwerk

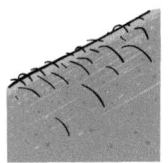

huid
huid

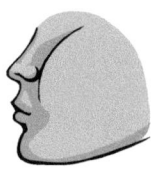

wang
wang

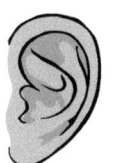

oor
oor

lip
lippen

mond

mond

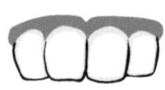

tand

tand

tong

tong

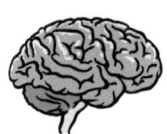

hersenen

hersenen

hart

hart

spier

spier

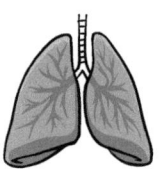

long

long

lever

lever

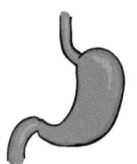

maag

maag

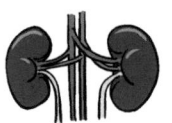

nieren

nieren

seks

geslachtsgemeenschap

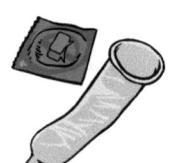

condoom

condoom

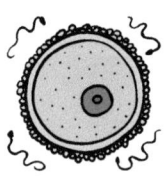

eicel

eicel

sperma

sperma

zwangerschap

zwangerschap

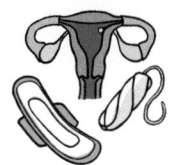

menstruatie

menstruatie

vagina

vagina

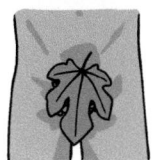

penis

penis

wenkbrauw

wenkbrauw

haar

haar

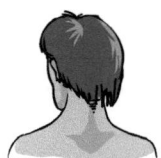

nek

hals

ziekenhuis

ziekenhuis

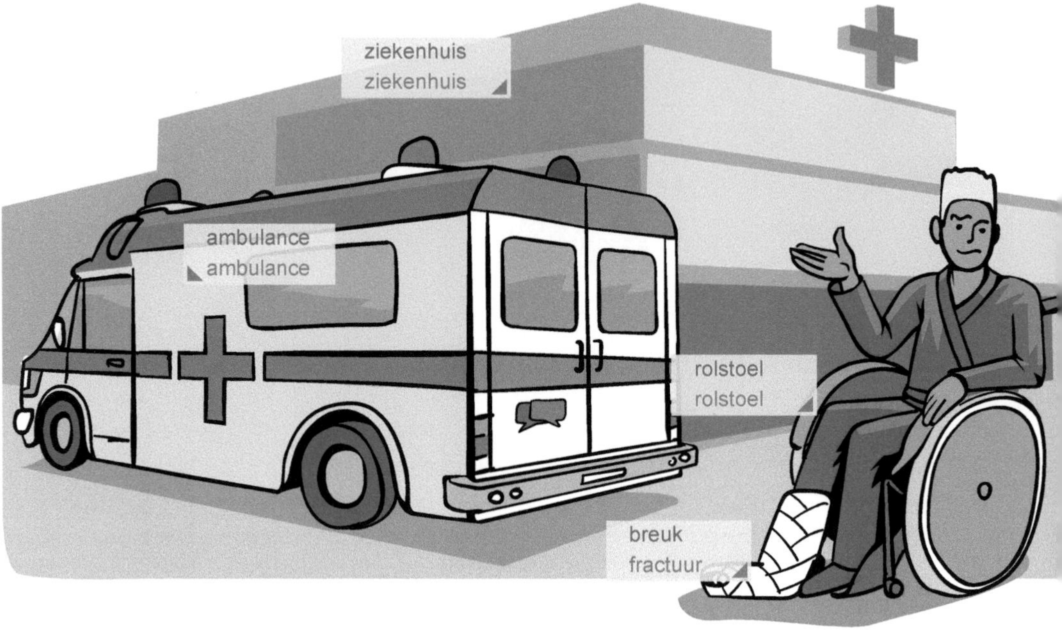

ziekenhuis
ziekenhuis
ambulance
ambulance
rolstoel
rolstoel
breuk
fractuur

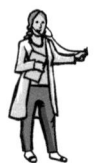

dokter

dokter

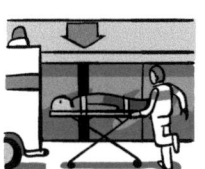

spoed

EHBO

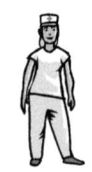

verpleegkundige

verpleegster

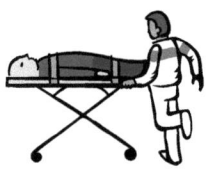

noodgeval

noodgeval

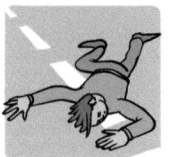

bewusteloos

bewusteloos

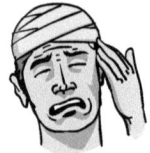

pijn

pijn

verwonding

verwonding

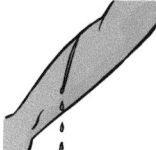

bloeding

bloeding

hartaanval

hartaanval

beroerte

beroerte

allergie

allergie

hoest

hoest

koorts

koorts

griep

griep

diarree

diarree

hoofdpijn

hoofdpijn

kanker

kanker

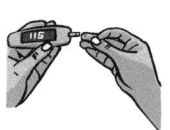

diabetes

diabetes

chirurg

chirurg

scalpel

scalpel

operatie

operatie

CT

CT

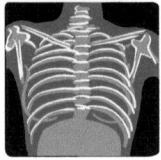

röntgenstraal

röntgen

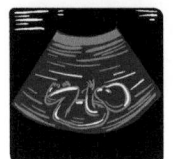

ultrageluid

echografie

gezichtsmasker

gezichtsmasker

ziekte

ziekte

wachtkamer

wachtkamer

kruk

kruk

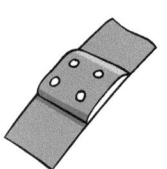

pleister

pleister

verband

verband

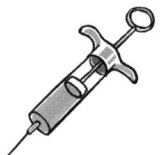

injectie

injectie

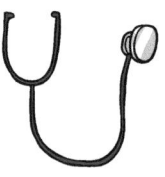

stethoscoop

stethoscoop

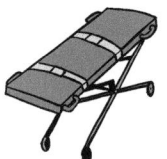

brancard

brancard

thermometer

thermometer

geboorte

geboorte

overgewicht

overgewicht

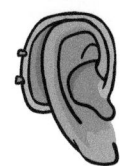

hoorapparaat

gehoorapparaat

ontsmettingsmiddel

ontsmettingsmiddel

infectie

infectie

virus

virus

HIV / AIDS

HIV / AIDS

medicijn

medicijn

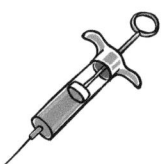

vaccinatie

inenting

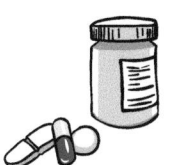

tabletten

tabletten

pil

pil

noodoproep

alarmnummer

bloeddrukmeter

bloeddrukmeter

ziek / gezond

ziek / gezond

Help! Help!	 alarm alarm	 overval overval
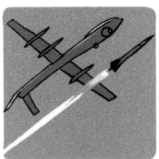 aanval aanval	 gevaar gevaar	 nooduitgang nooduitgang
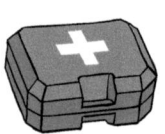 Brand! Brand!	 brandblusser brandblusser	 ongeval ongeluk
EHBO-kit EHBO-koffer	 SOS SOS	 politie politie

Europa

Europa

Noord-Amerika

Noord-Amerika

Zuid-Amerika

Zuid-Amerika

Afrika

Afrika

Azië

Azië

Australië

Australië

Atlantische Oceaan

Atlantische Oceaan

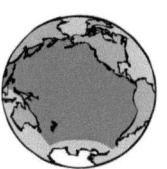

Stille Oceaan

Stille Oceaan

Indische Oceaan

Indische Oceaan

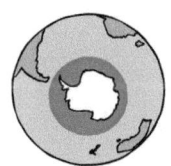

Antarctische Oceaan

Zuidelijke Oceaan

Arctische Oceaan

Noordelijke IJszee

Noordpool

Noordpool

Zuidpool

Zuidpool

Antarctica

Antarctica

aarde

aarde

land

land

zee

zee

eiland

eiland

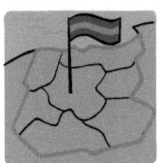

natie

natie

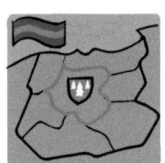

staat

staat

wijzerplaat

wijzerplaat

uurwijzer

uurwijzer

minuutwijzer

minutenwijzer

secondewijzer

secondewijzer

Hoe laat is het?

Hoe laat is het?

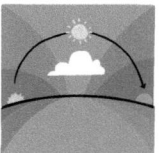

dag

dag

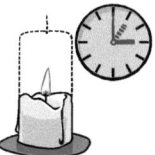

tijd

tijd

nu

nu

digitale horloge

digitaal horloge

minuut

minuut

uur

uur

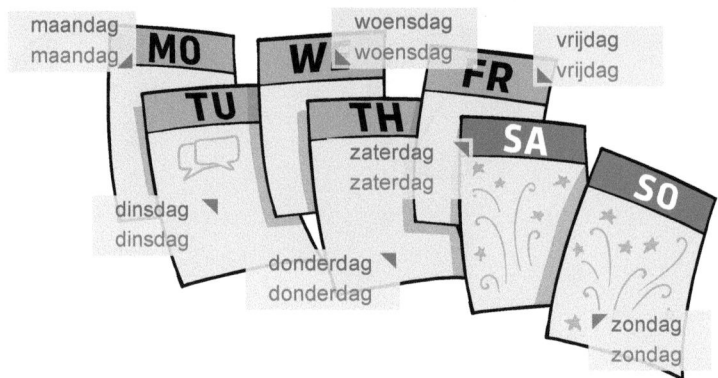

maandag
maandag

woensdag
woensdag

vrijdag
vrijdag

dinsdag
dinsdag

zaterdag
zaterdag

donderdag
donderdag

zondag
zondag

gisteren
gisteren

vandaag
vandaag

morgen
morgen

ochtend
ochtend

middag
middag

avond
avond

werkdagen
werkdagen

weekend
weekend

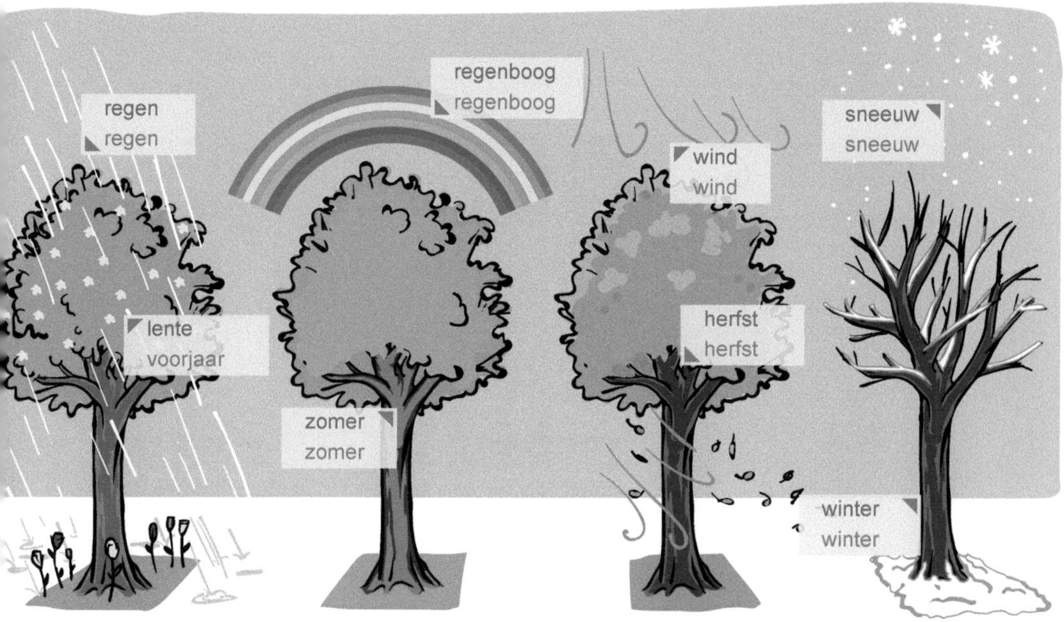

regen
regen
regenboog
regenboog
sneeuw
sneeuw
wind
wind
lente
voorjaar
herfst
herfst
zomer
zomer
winter
winter

4.APRIL 11°
5.APRIL 4°
6.APRIL 13°
7.APRIL 8°
8.APRIL 10°

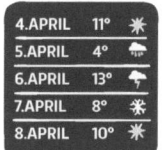

weervoorspelling

weerbericht

F C
120 40
90 30
60 20
30 10
0 0
-30 -10
-20

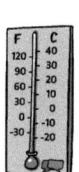

thermometer

thermometer

zonneschijn

zonneschijn

wolk

wolk

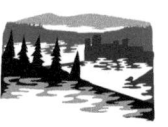

mist

mist

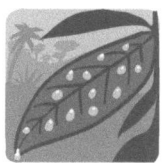

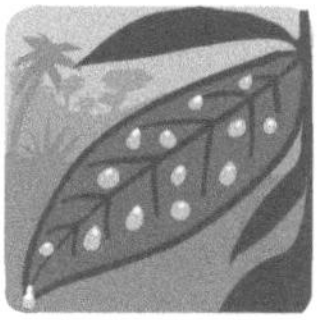

vochtigheid

luchtvochtigheid

bliksem

bliksem

donder

donder

storm

storm

hagel

hagel

moesson

moesson

overstroming

overstroming

ijs

ijs

januari

januari

februari

februari

maart

maart

april

april

mei

mei

juni

juni

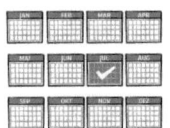

juli

juli

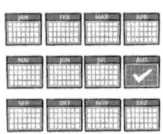

augustus

augustus

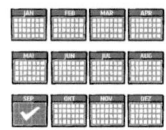

september
september

oktober
oktober

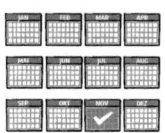

november
november

december
december

vormen

vormen

cirkel
cirkel

kwadraat
vierkant

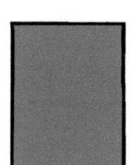

rechthoek
rechthoek

driehoek
driehoek

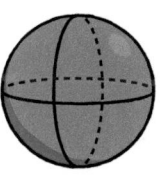

bol
bol

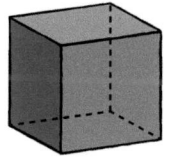

kubus
kubus

wit

wit

geel

geel

oranje

oranje

roze

roze

rood

rood

paars

paars

blauw

blauw

groen

groen

bruin

bruin

grijs

grijs

zwart

zwart

veel / weinig

veel / weinig

boos / kalm

boos / rustig

mooi / lelijk

mooi / lelijk

begin / einde

begin / einde

groot / klein

groot / klein

licht / donker

licht / donker

broer / zus

broer / zus

proper / vuil

schoon / vies

volledig / onvolledig

volledig / onvolledig

dag / nacht

dag/ nacht

dood / levend

dood / levend

breed / smal

breed / smal

eetbaar / oneetbaar

eetbaar / oneetbaar

kwaadaardig / vriendelijk

gemeen / aardig

opgewonden / verveeld

opgewonden / verveeld

dik / dun

dik / dun

eerst / laatst

eerste / laatste

vriend / vijand

vriend / vijand

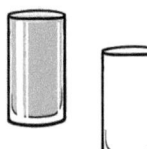

vol / leeg

vol / leeg

hard / zacht

hard / zacht

zwaar / licht

zwaar / licht

honger / dorst

honger / dorst

ziek / gezond

ziek / gezond

illegaal / legaal

illegaal / legaal

intelligent / dom

intelligent / dom

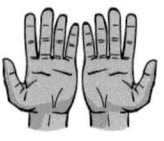

links / rechts

links / rechts

dichtbij / veraf

dichtbij / ver

nieuw / gebruikt

nieuw / gebruikt

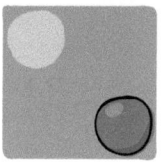

niets / iets

niets / iets

oud / jong

oud / jong

aan / uit

aan / uit

open / dicht

open / gesloten

stil / luid

zacht / luid

rijk / arm

rijk / arm

juist / fout

goed / fout

ruw / glad

ruw / glad

droevig / blij

verdrietig / gelukkig

kort / lang

kort / lang

traag / snel

langzaam / snel

nat / droog

nat / droog

warm / koud

warm / koel

oorlog / vrede

oorlog / vrede

0	**1**	**2**
nul	één	twee
nul	één	twee

3	**4**	**5**
drie	vier	vijf
drie	vier	vijf

6	**7**	**8**
zes	zeven	acht
zes	zeven	acht

9	**10**	**11**
negen	tien	elf
negen	tien	elf

12

twaalf

twaalf

13

dertien

dertien

14

veertien

veertien

15

vijftien

vijftien

16

zestien

zestien

17

zeventien

zeventien

18

achtien

achttien

19

negentien

negentien

20

twintig

twintig

100

honderd

honderd

1.000

duizend

duizend

1.000.000

miljoen

miljoen

Engels

Engels

Amerikaans Engels

Amerikaans Engels

Chinees (Mandarijn)

Chinees Mandarijn

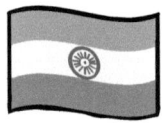

Hindi

Hindi

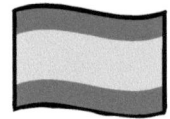

Spaans

Spaans

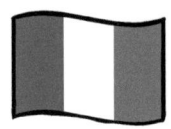

Frans

Frans

Arabisch

Arabisch

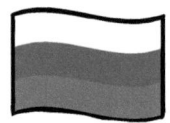

Russisch

Russisch

Portugees

Portugees

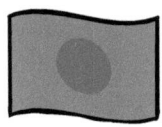

Bengali

Bengalees

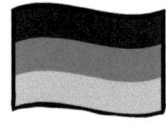

Duits

Duits

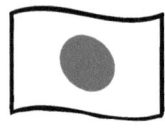

Japans

Japans

ik

ik

u

jij

hij / zij / het

hij / zij / het

wij

wij

u

jullie

ze

zij

wie?

wie?

wat?

wat?

hoe?

hoe?

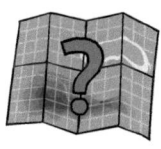

waar?

waar?

wanneer?

wanneer?

naam

naam

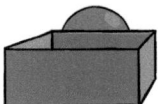

achter

achter

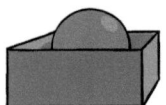

in

in

voor

voor

boven

boven

op

op

onder

onder

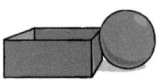

naast

naast

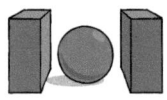

tussen

tussen

plaats

plaats